À la famille et aux amis des jeunes lecteurs !

L'apprentissage de la lecture est une étape cruciale dans la vie de votre enfant. Apprendre à lire est difficile, mais la série *Je peux lire!* est conçue pour rendre cette étape plus facile.

Tout comme l'apprentissage d'un sport ou d'un instrument de musique, la lecture requiert d'exercer souvent ses capacités. Mais pour soutenir l'intérêt et la motivation de l'enfant, il faut le faire participer au sport ou lui faire découvrir l'expérience de la « vraie » musique. La série *Je peux lire!* est conçue de manière à fournir le niveau de lecture approprié et propose des histoires intéressantes qui rendent la lecture stimulante.

Quelques conseils :

- La lecture commence avec l'alphabet et, au tout début, vous devriez aider votre enfant à reconnaître les sons des lettres dans les mots et les sons que font les mots. Avec les lecteurs plus expérimentés, mettez l'accent sur la manière dont les mots sont épelés. Faites-en un jeu!

- Ne vous arrêtez pas au livre. Parlez avec l'enfant de l'histoire, comparez-la à d'autres histoires et demandez-lui pourquoi elle lui a plu.

- Vérifiez si votre enfant a bien compris l'histoire. Demandez-lui de la raconter ou posez-lui des questions sur l'histoire.

C'est aussi l'âge où l'enfant apprend à monter à bicyclette. Au début, pour faciliter les choses, vous posez des roues stabilisatrices et vous tenez la selle pour le guider. De même, la série *Je peux lire!* peut être utilisée comme outil pour vous aider à guider votre enfant et à en faire un lecteur compétent.

Francie Alexander,
spécialiste en lecture
Groupe des publications
éducatives de Scholastic

Pour Jules Arthur et Oliver Jamie,
et les fleurs de toutes les couleurs
de l'arc-en-ciel qui embellissent la Terre.
– J.H.C.

Catalogage avant publication de la
Bibliothèque nationale du Canada

Corwin, Judith Hoffman
 Jolie jonquille / texte de Judith Hoffman Corwin ;
 texte français de Marie-Claude Hecquet.

(Je peux lire!. Niveau 1. Sciences)
Traduction de: Bright yellow flower.
Pour les jeunes de 3-6 ans.
ISBN 0-439-96616-7

I. Hecquet, Marie-Claude II. Titre. III. Collection.

PZ23.C673Jo 2004   j813'.6   C2004-900506-5

Édition publiée par les Éditions Scholastic, 175 Hillmount Road,
Markham (Ontario) L6C 1Z7.

5 4 3 2   Imprimé au Canada   05 06 07

Jolie jonquille

Judith Hoffman Corwin

Texte français de Marie-Claude Hecquet

Je peux lire! – Niveau 1

Éditions
■SCHOLASTIC

Voici le printemps!
Le moment est venu pour moi de fleurir.
Je suis une jolie fleur jaune vif,
nommée jonquille.

Le soleil me réchauffe.
Le soleil me donne des forces.

Le soleil est très important pour moi.

J'ai besoin de sa lumière, et aussi d'air et d'eau pour grandir.

Je ne pousse pas à partir d'une graine.
Je pousse à partir d'un bulbe
qui contient ma nourriture.
Ses racines puisent l'eau dans le sol.

Ma fleur a six pétales.
Ils parfument le vent qui passe.

Le centre de ma fleur a la forme
d'une trompette.

Ma tige est toute droite.
Elle dresse ma fleur vers le soleil.
Elle transporte la nourriture
de mon bulbe à ma fleur.

Il pleut.
La pluie me fait du bien.
Mes racines boivent l'eau.

Flic!
Flac!
Floc!

La pluie s'arrête.
Voici mon ami le papillon.

Vole!

Vole!

Vole!

Il aime ma couleur vive et mon
parfum sucré.

Bzzz!

Bzzz!

Bzzz!

Voici une
abeille.

Elle récolte mon pollen duveteux
pour en faire du miel.

Voici une araignée.
Elle tisse sa toile sur mes feuilles
pour attraper des insectes.

File!
File!
File!

Une coccinelle se pose sur
ma feuille.
Elle mange les insectes qui
pourraient me faire du mal.

Mange!

Mange!

Mange!

Elle me fait sourire.

Des souris courent dans l'herbe.

Une grenouille saute dans la mare pour y trouver de quoi manger.

Un rouge-gorge vole tout près,
un brin de paille dans le bec.
Il construit son nid.

La nuit commence à tomber.
Un hérisson se promène
en mâchant de l'herbe et des feuilles.

Un chat s'étend pour dormir.
Demain, une autre journée m'attend,
une journée tout aussi remplie!